AF189418

Impressum
Verlag: BABADADA GmbH, Nedderfeld 112 , 22529 Hamburg
Geschäftsführer / Verlagsleitung: Harald Hof
Druck: Books on Demand GmbH, In de Tarpen 42, 22848 Norderstedt

Imprint
Publisher: BABADADA GmbH, Nedderfeld 112 , 22529 Hamburg, Germany
Managing Director / Publishing direction: Harald Hof
Print: Books on Demand GmbH, In de Tarpen 42, 22848 Norderstedt, Germany

escuela
escola

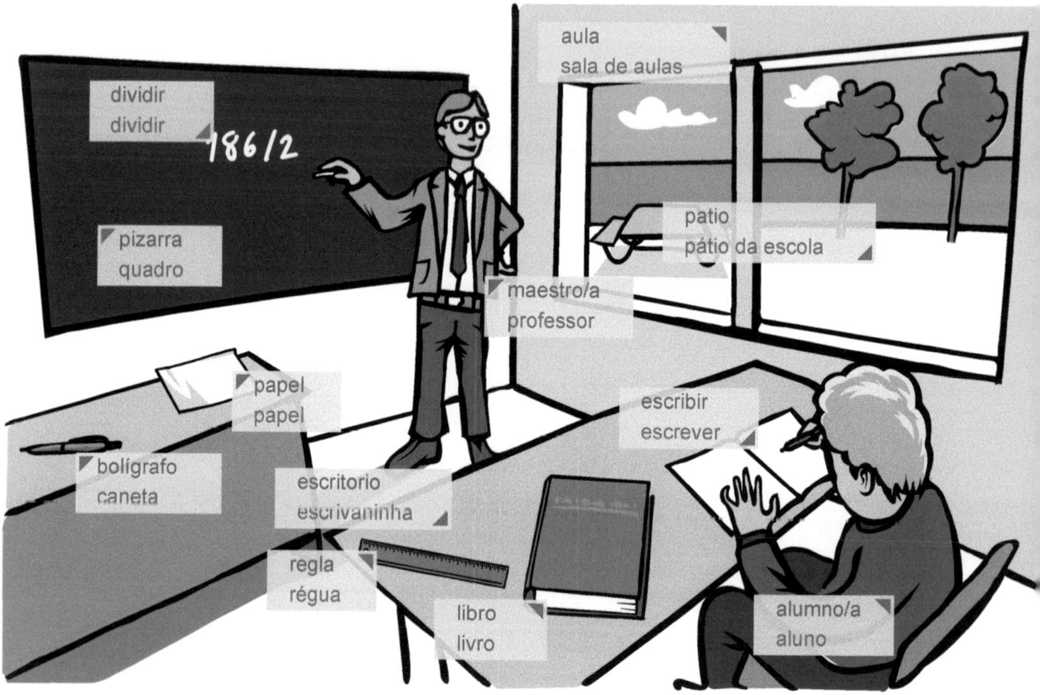
aula
sala de aulas
dividir
dividir
186/2
pizarra
quadro
patio
pátio da escola
maestro/a
professor
papel
papel
escribir
escrever
bolígrafo
caneta
escritorio
escrivaninha
regla
régua
libro
livro
alumno/a
aluno

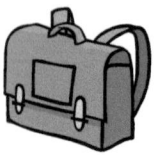

cartera

sacola

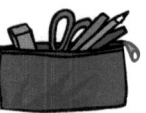

caja de lápices

estojo de lápis

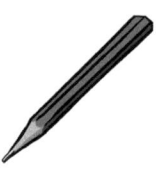

lápiz

lápis

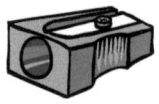

sacapuntas

apontador de lápis

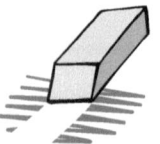

goma de borrar

borracha

cuaderno de dibujo

bloco de desenho

dibujo
desenho

pincel
pincel

caja de pinturas
estojo de tintas

tijeras
tesoura

pegamento
cola

cuaderno de ejercicios
livro de exercícios

deberes
lição de casa

número
número

2+2

sumar
somar

5-2

restar
subtrair

2×2

multiplicar
multiplicar

calcular
calcular

A

letra
letra

ABCDEFG
HIJKLMN
OPQRSTU
VWXYZ

alfabeto
alfabeto

palabra
palavra

texto

texto

leer

ler

tiza

giz

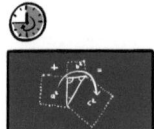

lección

hora

cuaderno de notas

registro da classe

examen

exame

certificado

certificado

uniforme escolar

uniforme escolar

educación

educação

enciclopedia

enciclopédia

universidad

universidade

microscopio

microscópio

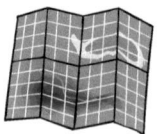

mapa

mapa

papelera

cesto de lixo

viaje
viagem

Grand
hotel
hotel
albergue
albergue
ROOMS
EXCHANGE
oficina de cambio de divisas
casa de câmbio
maleta
mala
coche
carro

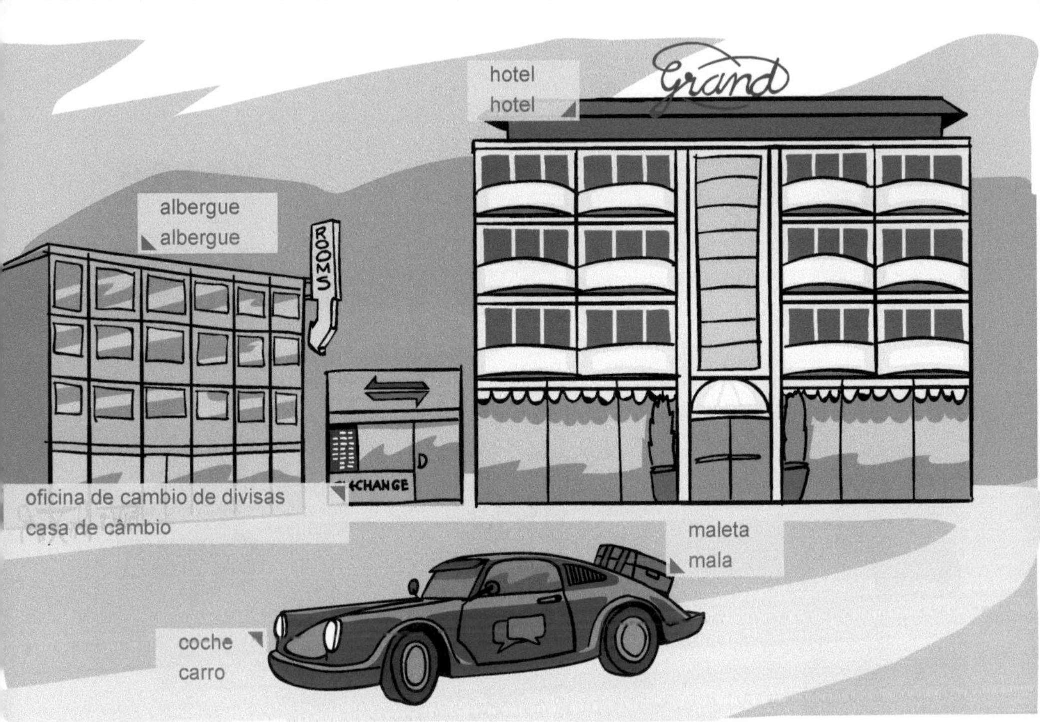

idioma

idioma

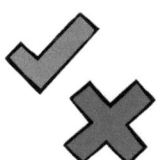

sí / no

sim / não

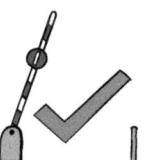

Vale

ok

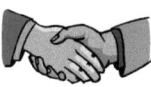

hola

Olá

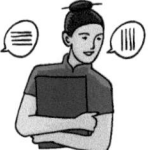

traductor

tradutor

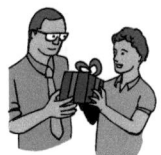

Gracias

obrigado

¿cuánto es…?

quanto custa…?

No entiendo

eu não entendo

problema

problema

¡Buenas tardes!

boa noite!

¡Buenos días!

Bom dia!

¡Buenas noches!

Boa noite!

adiós

até logo

dirección

direção

equipaje

bagagem

bolsa

bolsa

mochila

mochila

invitado

convidado

habitación

quarto

saco de dormir

saco de dormir

tienda de campaña

barraca

información turística
informação turística

playa
praia

tarjeta de crédito
cartão de crédito

desayuno
café da manhã

almuerzo
almoço

cena
jantar

billete
bilhete

ascensor
elevador

sello
selo

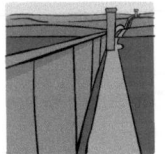

frontera
fronteira

aduana
alfândega

embajada
embaixada

visa
visto

pasaporte
passaporte

transporte

transporte

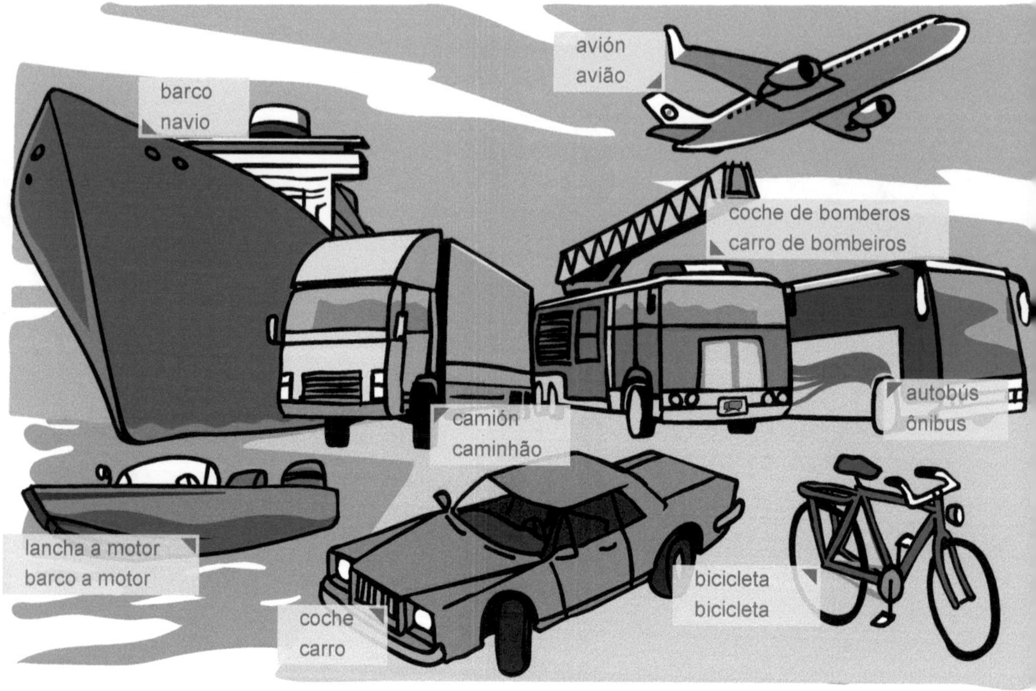
avión
avião
barco
navio
coche de bomberos
carro de bombeiros
camión
caminhão
autobús
ônibus
lancha a motor
barco a motor
bicicleta
bicicleta
coche
carro

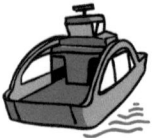

transbordador

balsa

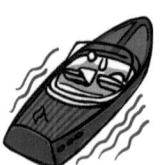

barca

barco

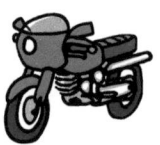

moto

motocicleta

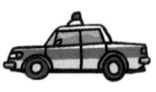

coche de policía

veículo policial

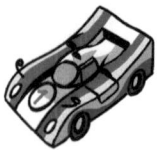

coche de carreras

carro de corrida

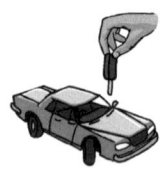

coche de alquiler

carro de aluguel

préstamo de vehículos
....
compartilhamento de
automóvel

grúa
....
caminhão de reboque

camión de la basura
....
caminhão de lixo

motor
....
motor

gasolina
....
combustível

gasolinera
....
posto de gasolina

señal de tráfico
....
placa de trânsito

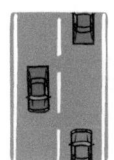

tráfico
....
trânsito

atasco
....
trânsito lento

aparcamiento
....
estacionamento

estación de tren
....
estação de trem

vías
....
trilhos

tren
....
trem

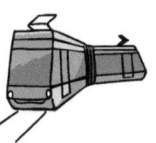

tranvía
....
bonde

vagón
....
vagão

helicóptero
helicóptero

aeropuerto
aeroporto

torre
torre

pasajero
passageiro

contenedor
contêiner

caja de cartón
cartolina

carretilla
carroça

cesta
cesto

despegar / aterrizar
decolar / pousar

ciudad
cidade

pueblo
vilarejo

centro de ciudad
centro da cidade

casa
casa

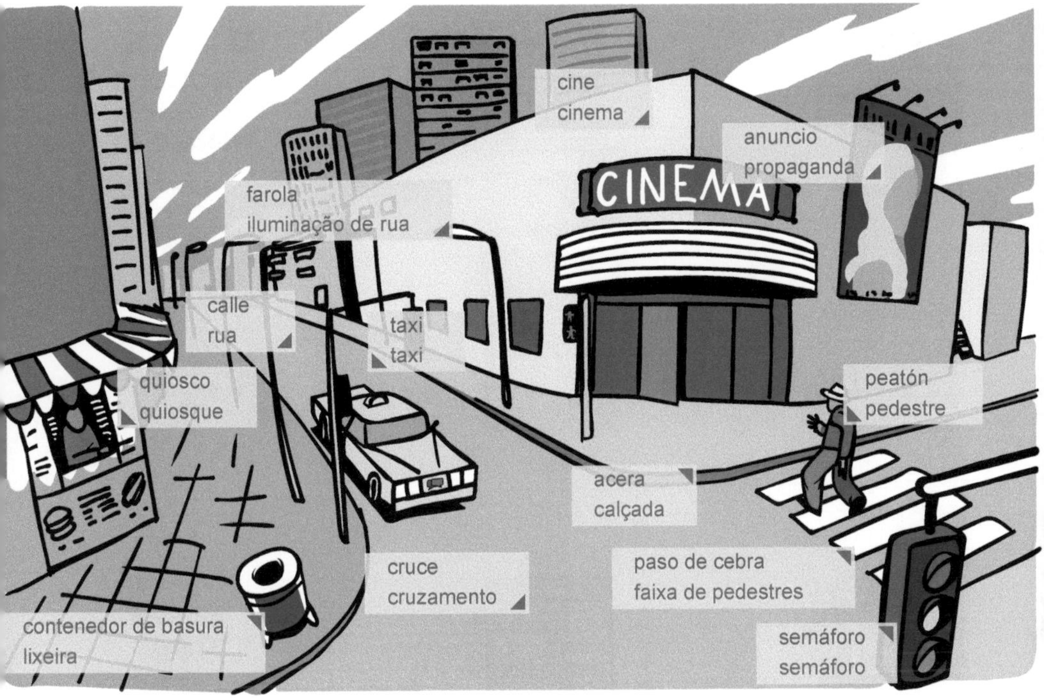
cine
cinema
anuncio
propaganda
CINEMA
farola
iluminação de rua
calle
rua
taxi
taxi
quiosco
quiosque
peatón
pedestre
acera
calçada
cruce
cruzamento
paso de cebra
faixa de pedestres
contenedor de basura
lixeira
semáforo
semáforo

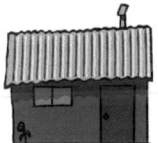

cabaña

cabana

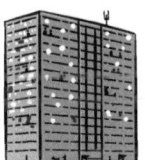

apartamento

apartamento

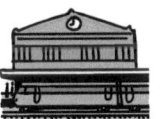

estación de tren

estação de trem

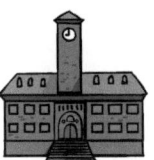

ayuntamiento

prefeitura

MUSEUM

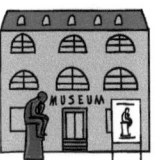

museo

museu

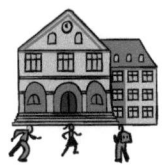

escuela

escola

universidad

universidade

banco

banco

hospital

hospital

hotel

hotel

farmacia

farmácia

oficina

escritório

librería

livraria

tienda

loja

floristería

floricultura

supermercado

supermercado

mercado

mercado

grandes almacenes

loja de departamentos

pescadería

peixaria

centro comercial

centro comercial

puerto

porto

parque

parque

banco

banco

puente

ponte

escaleras

escadas

metro

metrô

túnel

túnel

parada de autobús

ponto de ônibus

bar

bar

restaurante

restaurante

buzón

caixa de correspondência

poste indicador

placa de rua

parquímetro

parquímetro

zoo

zoológico

piscina

piscina

mezquita

mesquita

granja
fazenda

contaminación
poluição

cementerio
cemitério

iglesia
igreja

patio de juego
parquinho

templo
templo

paisaje
paisagem

hoja
folha

señal
placa de sinalização

camino
caminho

prado
gramado

piedra
pedra

excursionista
caminhantes

árbol
árvore

río
rio

hierba
grama

flor
flor

valle
vale

colina
montanha

lago
lago

bosque
floresta

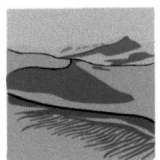

desierto
deserto

volcán
vulcão

castillo
castelo

arcoíris
arco-íris

champiñón
cogumelo

palmera
palmeira

mosquito
mosquito

mosca
mosca

hormiga
formiga

abeja
abelha

araña
aranha

escarabajo
besouro

rana
sapo

ardilla
esquilo

erizo
ouriço

liebre
lebre

lechuza
coruja

pájaro
pássaro

cisne
cisne

jabalí
javali

ciervo
veado

alce
alce

presa
barragem

turbina eólica
aerogerador

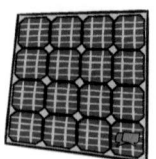

panel solar
painel solar

clima
clima

restaurante
restaurante

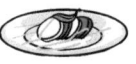

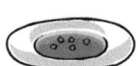

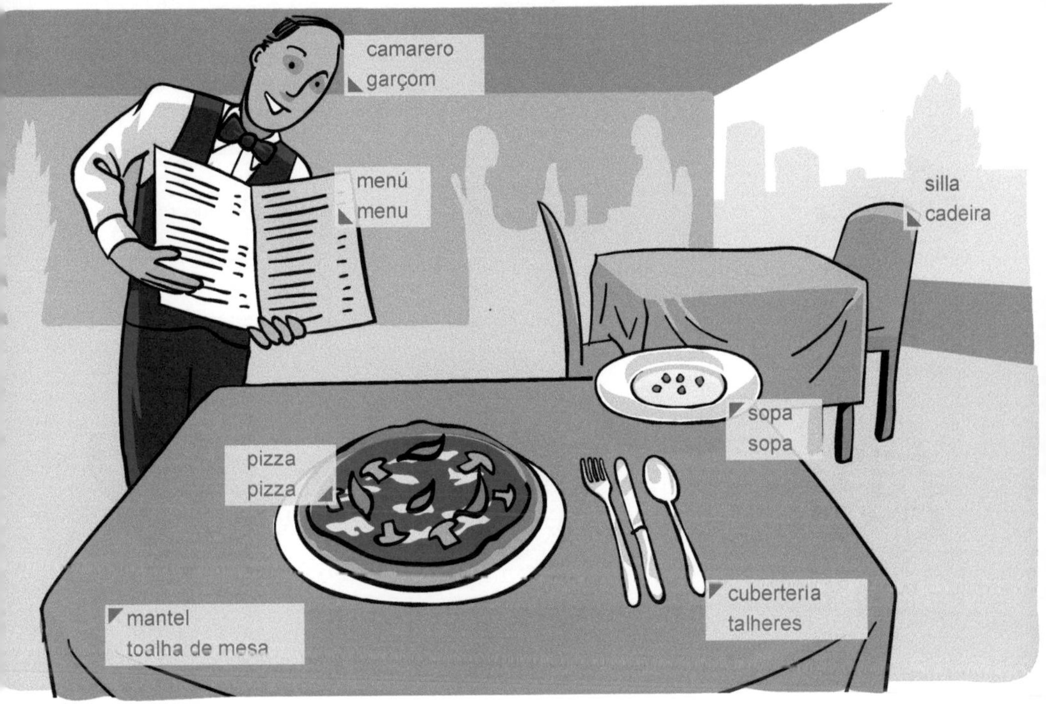
camarero
garçom
menú
menu
silla
cadeira
sopa
sopa
pizza
pizza
cuberteria
talheres
mantel
toalha de mesa

primer plato

entrada

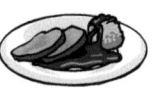

plato principal

prato principal

postre

sobremesa

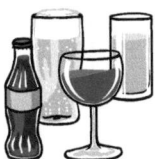

bebidas

bebidas

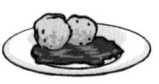

comida

comida

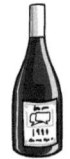

botella

garrafa

comida rápida

fastfood

comida callejera

comida de rua

tetera

bule de chá

azucarero

açucareiro

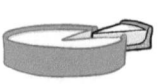

porción

porção

cafetera expreso

máquina de expresso

trona

cadeirão

cuenta

conta

bandeja

bandeja

cuchillo

faca

tenedor

garfo

cuchara

colher

cucharilla

colher de chá

servilleta

guardanapo

vaso

copo

plato
....
prato

plato hondo
....
prato de sopa

platillo
....
pires

salsa
....
molho

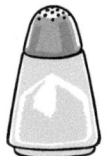

salero
....
saleiro

molinillo de pimienta
....
moedor de pimenta

vinagre
....
vinagre

aceite
....
óleo

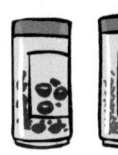

especias
....
especiarias

ketchup
....
ketchup

mostaza
....
mostarda

mayonesa
....
maionese

supermercado

supermercado

oferta especial
oferta especial
FOR
cliente
cliente
lácteos
laticínios
fruta
frutas
carro de la compra
carrinho de compras

BUTCHERS

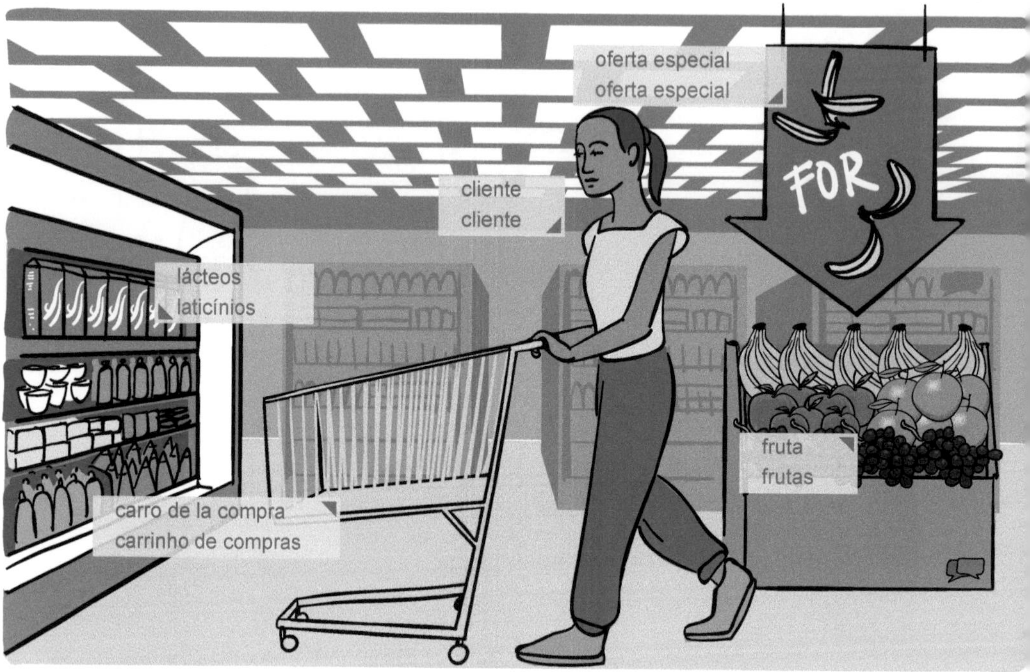

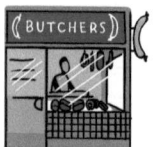

carnicería

açougue

BAKERY

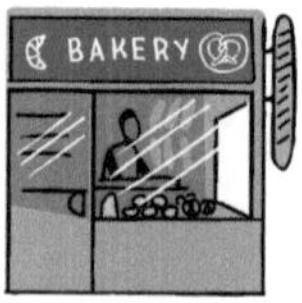

panadería

padaria

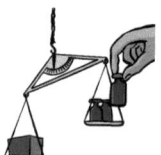

pesar

pesar

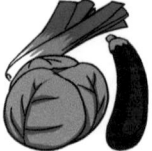

verduras

legumes

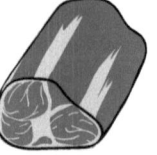

carne

carne

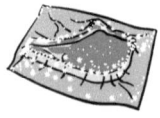

alimentos congelados

congelados

fiambres
....
charcutaria

conservas
....
conservas

detergente en polvo
....
detergente em pó

dulces
....
doces

productos de uso doméstico
....
artigos domésticos

productos de limpieza
....
produtos de limpeza

vendedora
....
vendedora

caja
....
caixa

cajero
....
caixa

lista de la compra
....
lista de compras

horario de atención al
público
....
horário de funcionamento

cartera
....
carteira

tarjeta de crédito
....
cartão de crédito

bolsa
....
sacola

bolsa de plástico
....
saco plástico

agua

água

zumo

suco

leche

leite

cola

coca-cola

vino

vinho

cerveza

cerveja

alcohol

álcool

cacao

cacau

té

chá

café

café

expreso

expresso

capuchino

cappuccino

plátano

banana

manzana

maçã

naranja

laranja

melón

melão

limón

limão

zanahoria

cenoura

ajo

alho

bambú

bambu

cebolla

cebola

champiñón

cogumelo

avellanas

nozes

fideos

macarrão

espagueti

espaguete

arroz

arroz

ensalada

salada

patatas fritas

batatas fritas

patatas fritas

batatas frias

pizza

pizza

hamburguesa

hambúrger

sándwich

sanduíche

filete

escalope

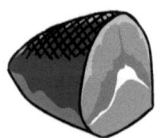

jamón

presunto

salami

salame

salchicha

salsicha

pollo

galinha

asado

assado

pescado

peixe

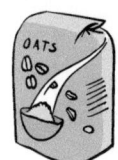

copos de avena

flocos de aveia

muesli

granola

copos de maíz

flocos de milho

harina

farinha

cruasán

croissant

panecillo

pãozinho

pan

pão

tostada

torrada

galletas

biscoitos

mantequilla

manteiga

cuajada

requeijão

pastel

bolo

huevo

ovo

huevo frito

ovo frito

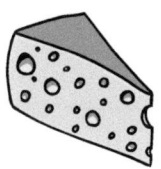

queso

queijo

helado

sorvete

azúcar

açúcar

miel

mel

mermelada

geleia

crema de turrón

creme de avelãs

curry

curry

granja
fazenda

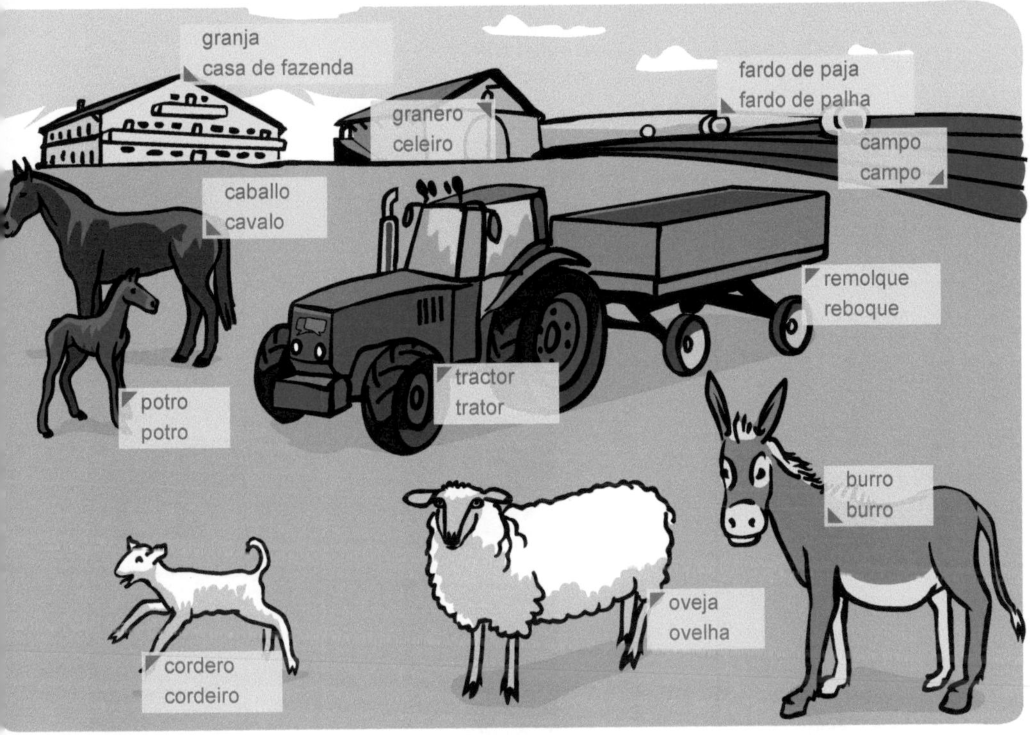
granja
casa de fazenda
granero
celeiro
fardo de paja
fardo de palha
campo
campo
caballo
cavalo
remolque
reboque
tractor
trator
potro
potro
burro
burro
oveja
ovelha
cordero
cordeiro

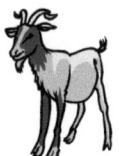

cabra

cabra

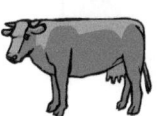

vaca

vaca

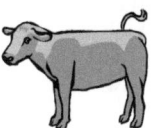

ternero

bezerro

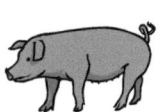

cerdo

porco

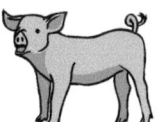

cerdito

leitão

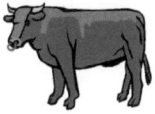

toro

touro

ganso
ganso

pato
pato

pollo
pintinho

gallina
galinha

gallo
galo

rata
ratazana

gato
gato

ratón
camundongo

buey
boi

perro
cachorro

perrera
casinha do cachorro

manguera
mangueira de jardim

regadera
regador

guadaña
foice

arado
arado

hoz

foice

azada

enxada

horca

forquilha

hacha

machado

carretilla

carrinho de mão

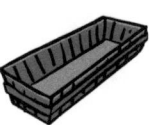

abrevadero

manjedoura

lechera

jarra de leite

saco

saco

valla

cerca

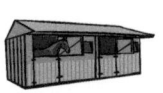

establo

estábulo

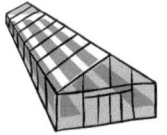

invernadero

estufa

suelo

solo

semilla

semente

fertilizador

fertilizante

cosechadora

colheitadeira

cosechar
colher

cosecha
colheita

ñame
inhame

trigo
trigo

soja
soja

patata
batata

maíz
milho

semilla de colza
colza

árbol frutal
árvore frutífera

mandioca
mandioca

cereales
cereais

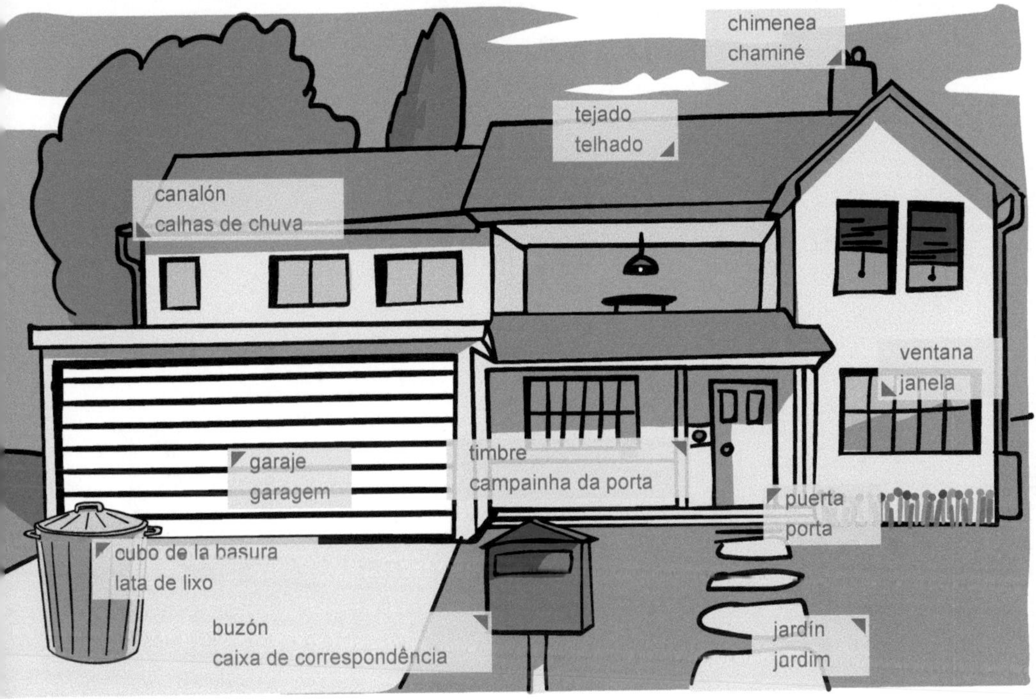

chimenea
chaminé

tejado
telhado

canalón
calhas de chuva

ventana
janela

garaje
garagem

timbre
campainha da porta

puerta
porta

cubo de la basura
lata de lixo

buzón
caixa de correspondência

jardín
jardim

sala
sala de estar

cuarto de baño
banheiro

cocina
cozinha

dormitorio
quarto de dormir

habitación de los niños
quarto de criança

comedor
sala de jantar

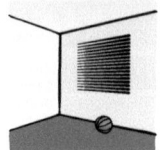

suelo
chão

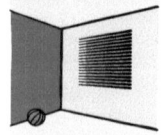

pared
parede

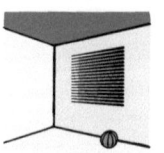

techo
teto

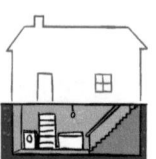

sótano
porão

sauna
sauna

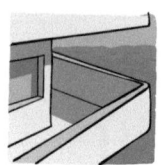

balcón
varanda

terraza
terraço

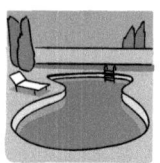

piscina
piscina

cortacésped
cortador de grama

sábana
lençol

colcha
coberta

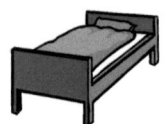

cama
cama

escoba
vassoura

balde
balde

interruptor
interruptor

sala

sala de estar

papel pintado
papel de parede
imagen
quadro
lámpara
lâmpada
estante
prateleira
armario
armário
televisión
televisão
chimenea
lareira
flor
flor
cojín
travesseiro
sofá
sofá
jarrón
vaso
mando a distancia
controle remoto

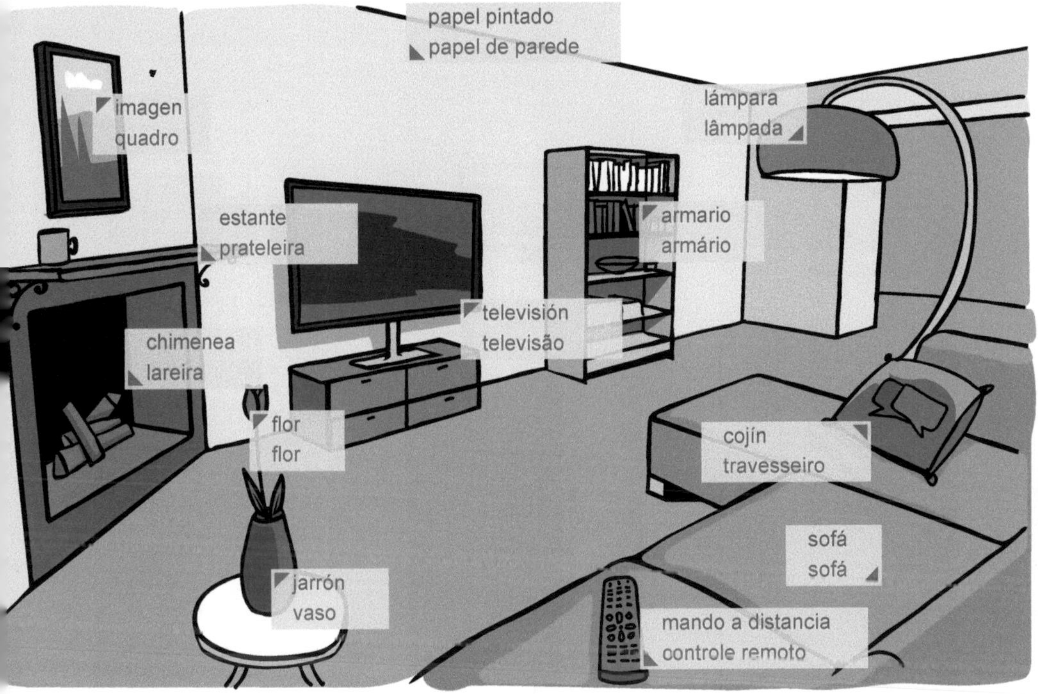

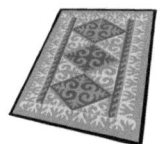

alfombra
tapete

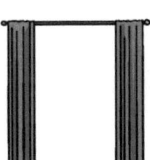

cortina
cortina

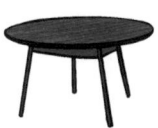

mesa
mesa

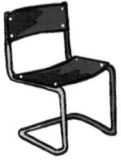

silla
cadeira

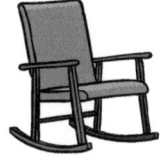

mecedora
cadeira de balanço

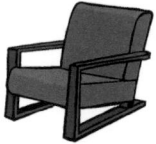

butaca
poltrona

libro
livro

manta
cobertor

decoración
decoração

leña
lenha

película
filme

equipo de música
equipamento de som

llave
chave

periódico
jornal

pintura
pintura

póster
pôster

radio
rádio

cuaderno
bloco de notas

aspiradora
aspirador

cactus
cacto

vela
vela

cocina
cozinha

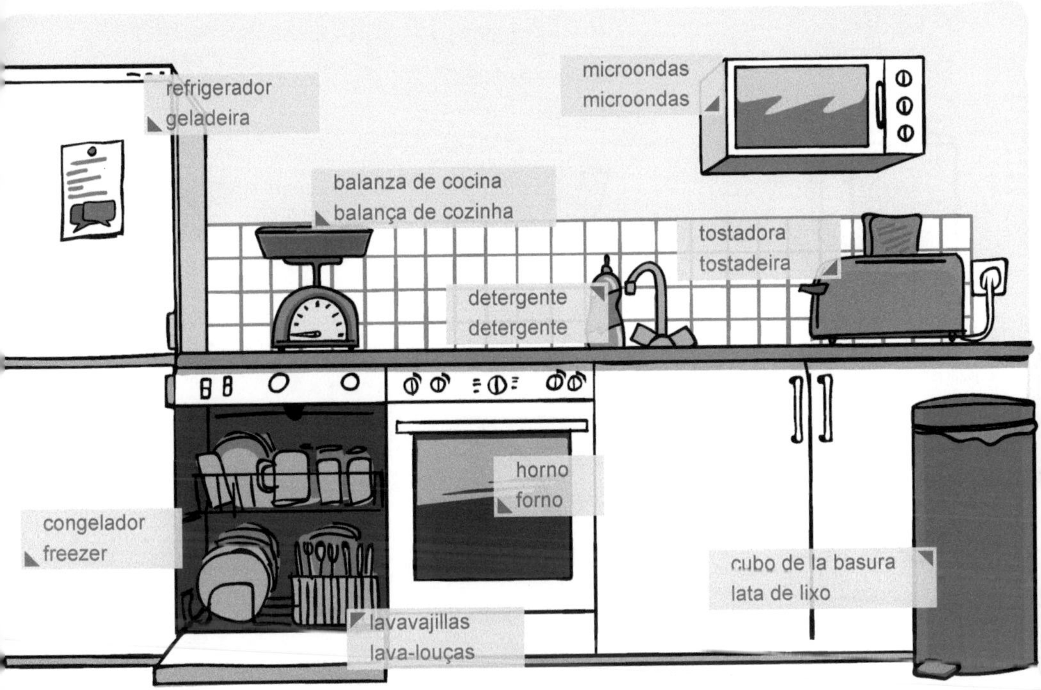

refrigerador
geladeira
microondas
microondas
balanza de cocina
balança de cozinha
tostadora
tostadeira
detergente
detergente
horno
forno
congelador
freezer
cubo de la basura
lata de lixo
lavavajillas
lava-louças

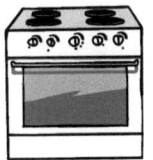

olla a presión

fogão

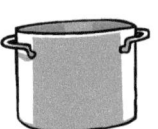

olla

panela

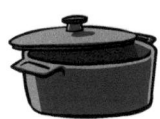

olla de hierro fundido

panela de ferro

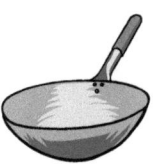

wok / karahi

wok / kadai

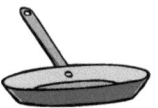

cazuela

frigideira

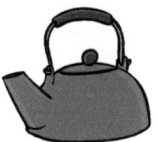

hervidor

chaleira

vaporera
panela a vapor

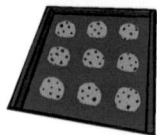

chapa de horno
tabuleiro de forno

vajilla
louça

taza
caneca

tazón
caçarola

palillos
hashi

cucharón
concha de sopa

espumadera
espátula

batidor
batedor

colador
escorredor

cedazo
peneira

rallador
ralador

mortero
almofariz

barbacoa
churrasqueira

hoguera
lareira

tabla de picar

tábua de cortar

rodillo

rolo da massa

sacacorchos

saca-rolhas

lata

lata

abrelatas

abridor de latas

agarrador

pegador de panela

lavabo

pia

cepillo

escova

esponja

esponja

batidora

liquidificador

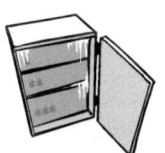

congelador

congelador

biberón

mamadeira

grifo

torneira

cuarto de baño
banheiro

calefacción
aquecimento
ducha
ducha
toalla
toalha
cortina de la ducha
cortina de chuveiro
baño de espuma
banho de espuma
bañera
banheira
lavadora
lava-roupa
vaso
copo
grifo
torneira
baldosas
azulejos
orinal
penico
lavabo
pia

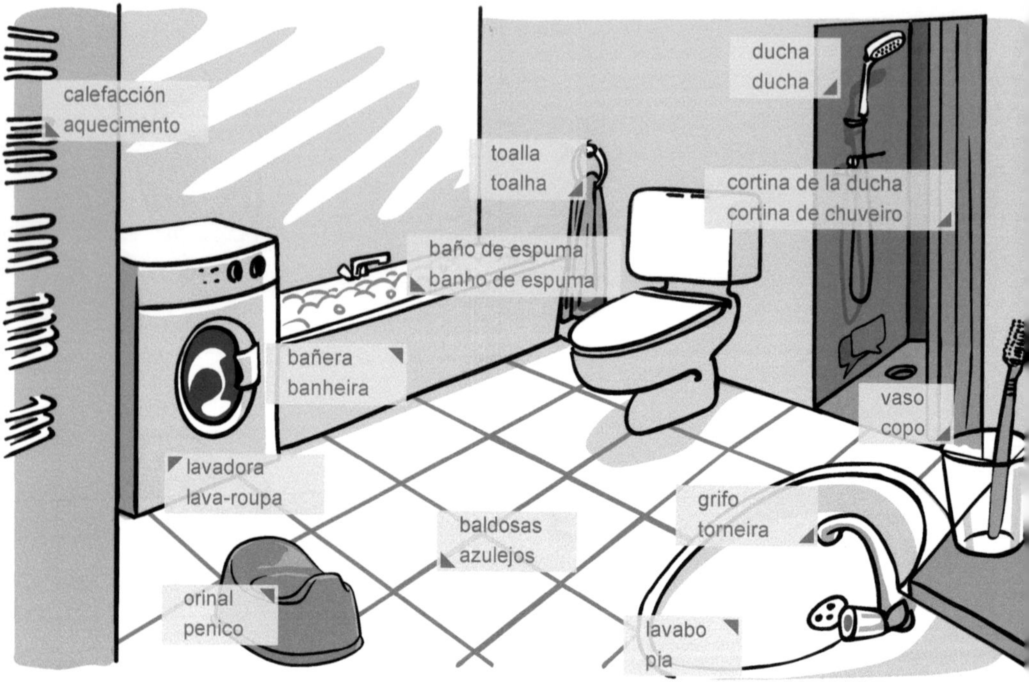

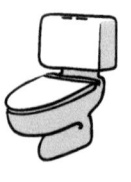

inodoro

vaso sanitário

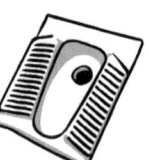

inodoro rústico

lavabo de agachar

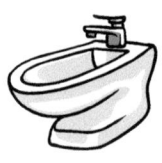

bidé

bidê

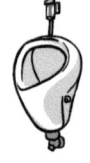

urinario

mictório

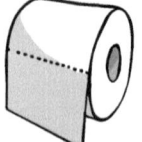

papel higiénico

papel higiênico

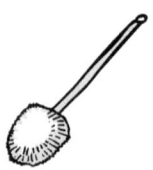

escobilla del váter

escova de privada

cepillo de dientes

escova de dentes

pasta de dientes

pasta de dentes

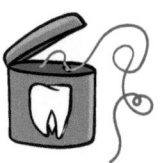

hilo dental

fio dental

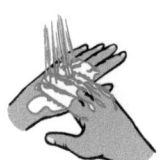

lavar

lavar

ducha de mano

ducha de mão

ducha íntima

ducha íntima

pila

bacia

cepillo de espalda

escova para as costas

jabón

sabonete

gel de ducha

gel de banho

champú

xampu

toallita

toalha de rosto

desagüe

escoamento

crema

creme

desodorante

desodorante

espejo

espelho

espejo de tocador

espelho de mão

maquinilla de afeitar

barbeador

espuma de afeitar

espuma de barbear

loción postafeitado

loção pós-barba

peine

pente

cepillo

escova

secador

secador de cabelo

laca

spray de cabelo

maquillaje

maquiagem

pintalabios

batom

pintauñas

esmalte de unhas

algodón

algodão

cortauñas

tesoura para unhas

perfume

perfume

estuche de viaje
....
nécessaire

banqueta
....
banquinho

balanza
....
balança

albornoz
....
roupão de banho

guantes de goma
....
luvas de borracha

tampón
....
absorvente interno

compresa
....
absorvente íntimo

inodoro químico
....
banheiro químico

habitación de los niños

quarto de criança

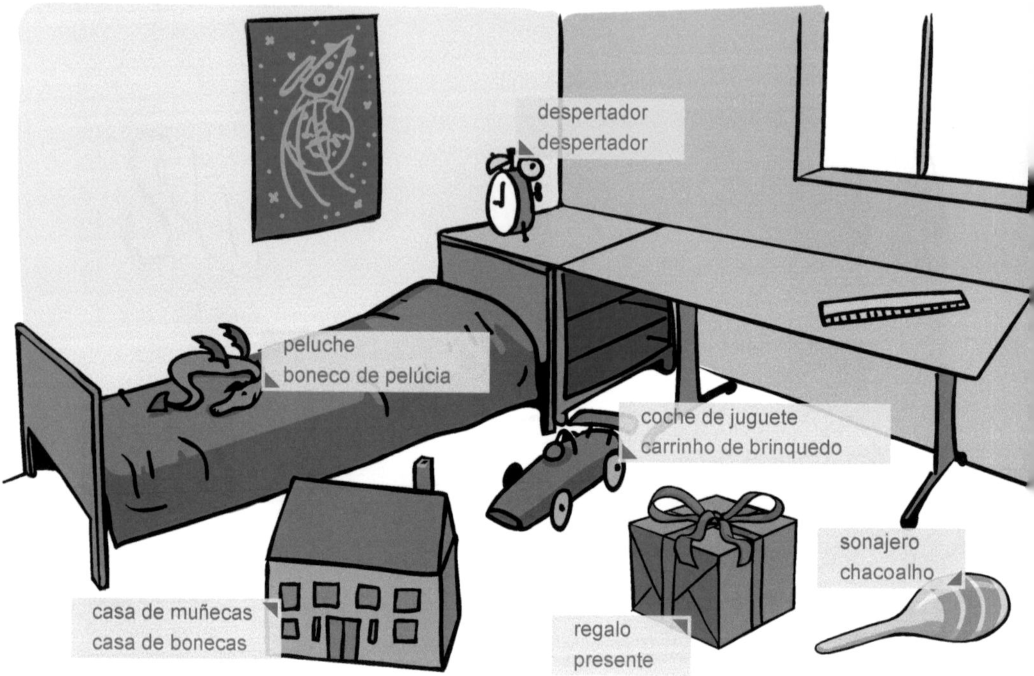
despertador
despertador
peluche
boneco de pelúcia
coche de juguete
carrinho de brinquedo
sonajero
chacoalho
casa de muñecas
casa de bonecas
regalo
presente

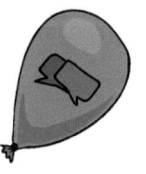

globo

balão

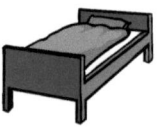

cama

cama

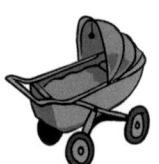

coche de niño

carrinho de bebê

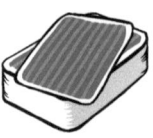

naipes

jogo de cartas

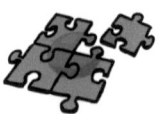

puzle

quebra-cabeças

SUPER MEGA

tebeo

revista de quadrinhos

piezas de lego
....
peças de Lego

bloques de juguete
....
blocos de construção

figura de acción
....
figura de ação

bodi (de bebé)
....
macaquinho de bebê

frisbee
....
frisbee

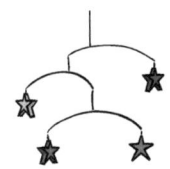

colgador móvil para bebés
....
móbile para bebê

juego de mesa
....
jogo de tabuleiro

dados
....
dados

circuito de tren eléctrico
....
trenzinho elétrico

maniquí
....
chupeta

fiesta
....
festa

álbum de fotos
....
livro ilustrado

pelota
....
bola

muñeca
....
boneca

jugar
....
brincar

cajón de arena

caixa de areia

columpio

balanço

juguetes

brinquedos

videoconsola

videogame

triciclo

triciclo

oso de peluche

ursinho de pelúcia

guardarropa

guarda-roupa

ropa
vestuário

calcetines

meias

medias

meias pelo joelho

leotardos

meias-calças

bufanda
cachecol

paraguas
guarda-chuva

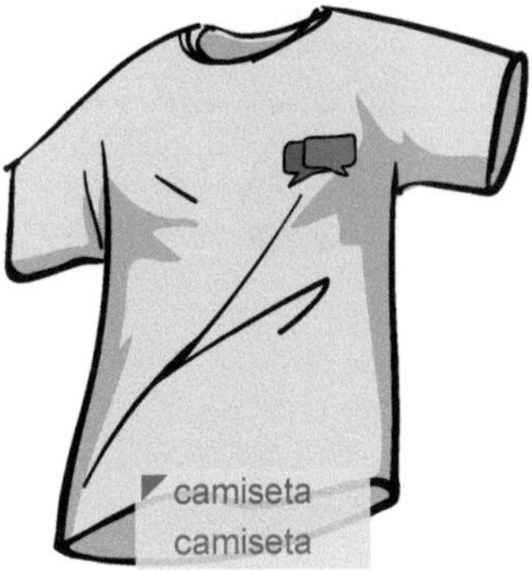

camiseta
camiseta

cinturón
cinto

botas
botas

zapatillas
chinelos

deportivas
tênis

sandalias
·················
sandálias

zapatos
·················
sapatos

botas de goma
·················
botas de borracha

slip
·················
roupa de baixo

sostén
·················
sutiã

chaleco
·················
camiseta de baixo

bodi

body

pantalones

calças

vaqueros

jeans

falda

saia

blusa

blusa

camisa

camisa

jersey

pulôver

suéter

suéter com capuz

blazer

blazer

chaqueta

jaqueta

abrigo

casaco

gabardina

gabardine

traje

traje

vestido

vestido

vestido de novia

vestido de casamento

traje
terno

camisón
camisola

pijama
pijama

sari
sari

bandana
lenço de cabeça

turbante
turbante

burka
burca

caftán
cafetã

abaya
abaya

traje de baño
maiô

bañador
sunga

pantalones cortos
shorts

chándal
roupa de treino

delantal
avental

guantes
luvas

botón
botão

gafas
óculos

brazalete
pulseira

collar
colar

anillo
anel

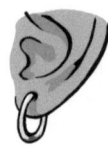

pendiente
brinco

gorra
boné

percha
cabide

sombrero
chapéu

corbata
gravata

cremallera
zíper

casco
capacete

tirantes
suspensórios

uniforme escolar
uniforme escolar

uniforme
uniforme

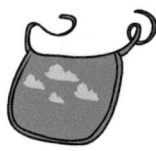

babero
babador

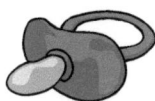

maniquí
chupeta

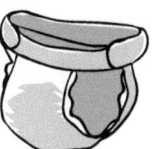

pañal
fralda

oficina
escritório

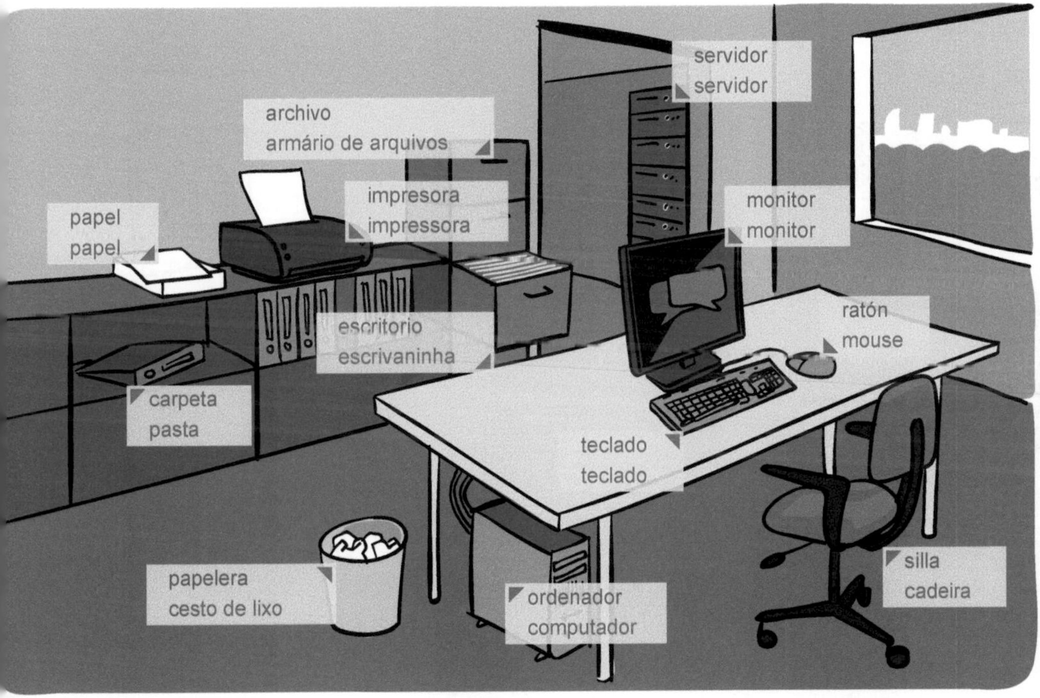

servidor
servidor
archivo
armário de arquivos
impresora
impressora
papel
papel
monitor
monitor
ratón
mouse
escritorio
escrivaninha
carpeta
pasta
teclado
teclado
silla
cadeira
papelera
cesto de lixo
ordenador
computador

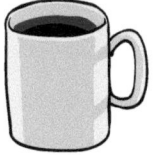

taza de café
xícara de café

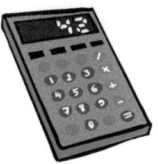

calculadora
calculadora

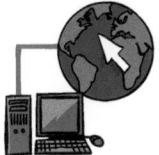

internet
internet

portátil

laptop

carta

carta

mensaje

mensagem

móvil

celular

red

rede

fotocopiadora

copiadora

software

software

teléfono

telefone

toma de corriente

tomada

fax

fax

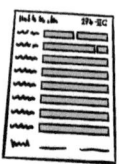

formulario

formulário

documento

documento

comprar

comprar

pagar

pagar

comerciar

negociar

dinero

dinheiro

dólar

Dólar

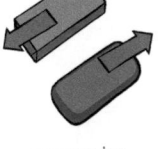

euro

Euro

yen

Yen

rublo

rublo

franco suizo

franco suíço

renminbi yuan

renminbi yuan

rupia

rupia

cajero automático

caixa eletrônico

oficina de cambio de divisas

casa de câmbio

oro

ouro

plata

prata

petróleo

petróleo

energía

energia

precio

preço

contrato

contrato

impuesto

imposto

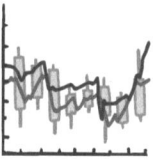

acción

ação

trabajar

trabalhar

empleado

empregado

empleador

empregador

fábrica

fábrica

tienda

loja

oficios
profissões

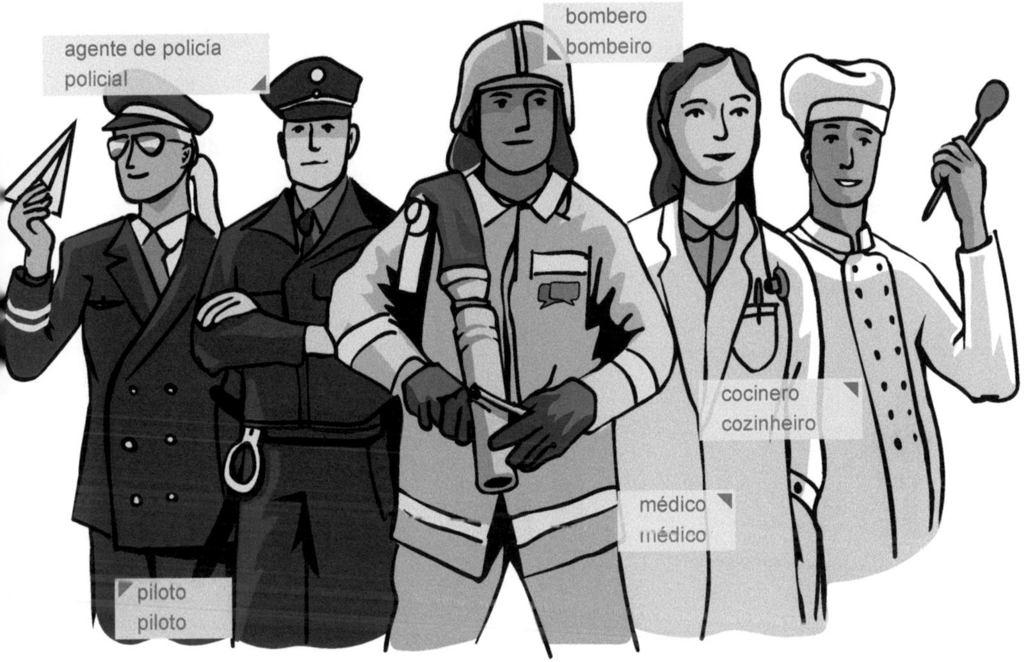
bombero
bombeiro
agente de policía
policial
cocinero
cozinheiro
médico
médico
piloto
piloto

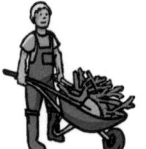

jardinero

jardineiro

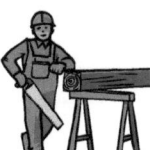

carpintero

marceneiro

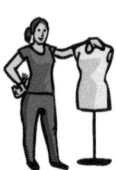

costurera

costureira

juez

juiz

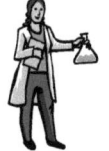

farmacéutico

químico

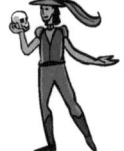

actor

ator

conductor de autobús

motorista de ônibus

taxista

motorista de táxi

pescador

pescador

señora de la limpieza

faxineira

techador

telhador

camarero

garçom

cazador

caçador

pintor

pintor

panadero

padeiro

electricista

eletricista

obrero

construtor

ingeniero

engenheiro

carnicero

açougueiro

fontanero

encanador

cartero

carteiro

soldado

soldado

arquitecto

arquiteto

cajero

caixa

florista

florista

peluquero

cabelereiro

revisor

condutor

mecánico

mecânico

capitán

capitão

dentista

dentista

científico

cientista

rabino

rabino

imán

imam

monje

monge

sacerdote

pastor

herramientas
ferramentas

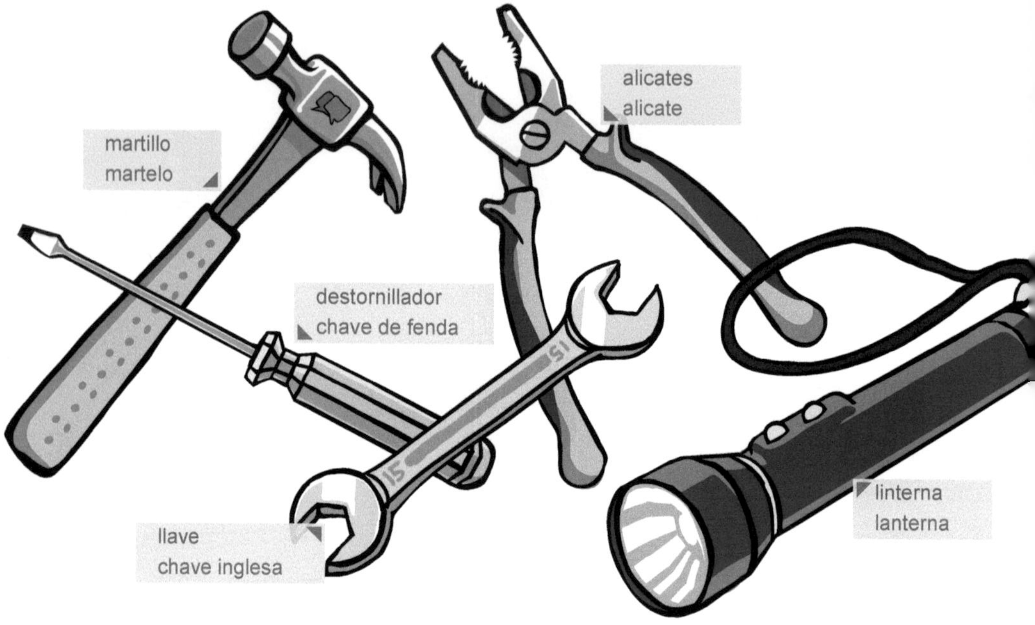

martillo
martelo
alicates
alicate
destornillador
chave de fenda
llave
chave inglesa
linterna
lanterna

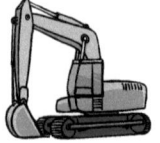

excavadora

escavadora

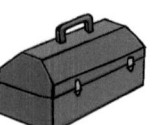

caja de herramientas

caixa de ferramentas

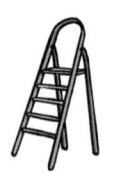

escalera de mano

escada de mão

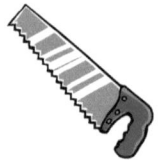

sierra

serra

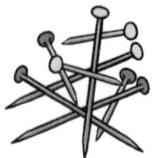

clavos

pregos

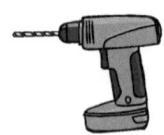

taladro

furadeira

reparar
consertar

pala
pá

¡Maldita sea!
Droga!

recogedor
pá de lixo

bote de pintura
pote de tinta

tornillos
parafusos

instrumentos musicales
instrumentos musicais

altavoz
alto-falante

batería
bateria

guitarra
guitarra

contrabajo
contrabaixo

trompeta
trompete

piano
piano

violín
violino

bajo
baixo

timbales
timbales

tambor
tambor

teclado
teclado

saxofón
saxofone

flauta
flauta

micrófono
microfone

zoo
zoológico

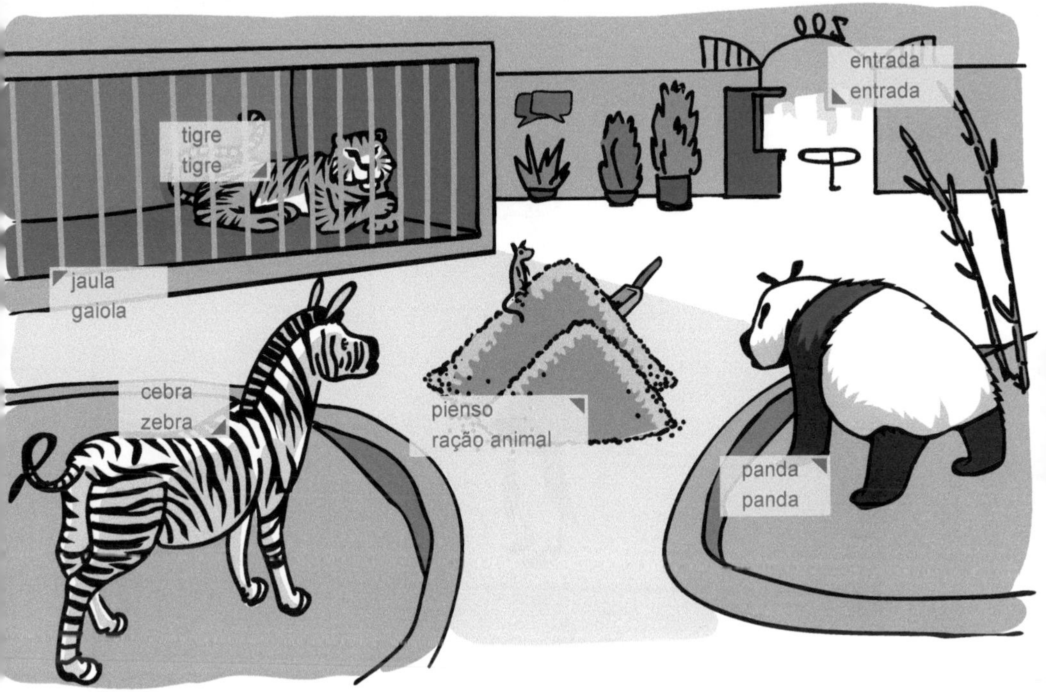
entrada
entrada
tigre
tigre
jaula
gaiola
cebra
zebra
pienso
ração animal
panda
panda

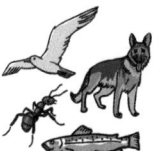

animales
animais

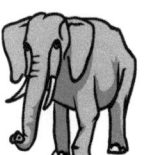

elefante
elefante

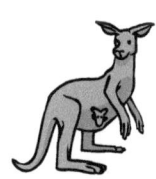

canguro
canguru

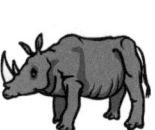

rinoceronte
rinoceronte

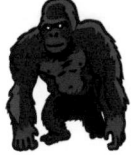

gorila
gorila

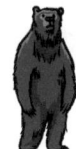

oso
urso

camello
camelo

avestruz
avestruz

león
leão

mono
macaco

flamingo
flamingo

loro
papagaio

oso polar
urso polar

pingüino
pinguim

tiburón
tubarão

pavo real
pavão

serpiente
cobra

cocodrilo
crocodilo

guardián de zoológico
guarda do zoológico

foca
foca

jaguar
jaguar

zoo - zoológico

poni
pônei

leopardo
leopardo

hipopótamo
hipopótamo

jirafa
girafa

águila
águia

jabalí
javali

pescado
poixe

tortuga
tartaruga

morsa
morsa

zorro
raposa

gacela
gazela

zoo - zoológico

deportes
esportes

fútbol americano
futebol americano

ciclismo
ciclismo

tenis
tênis

baloncesto
basquete

natación
natação

boxeo
boxe

hockey sobre hielo
hóquei no gelo

fútbol
futebol

bádminton
badminton

atletismo
atletismo

balonmano
handebol

esquí
esqui

polo
polo

actividades
atividades

reír
rir
saltar
pular
abrazar
abraçar
caminar
andar
cantar
cantar
soñar
sonhar
rezar
rezar
besar
beijar

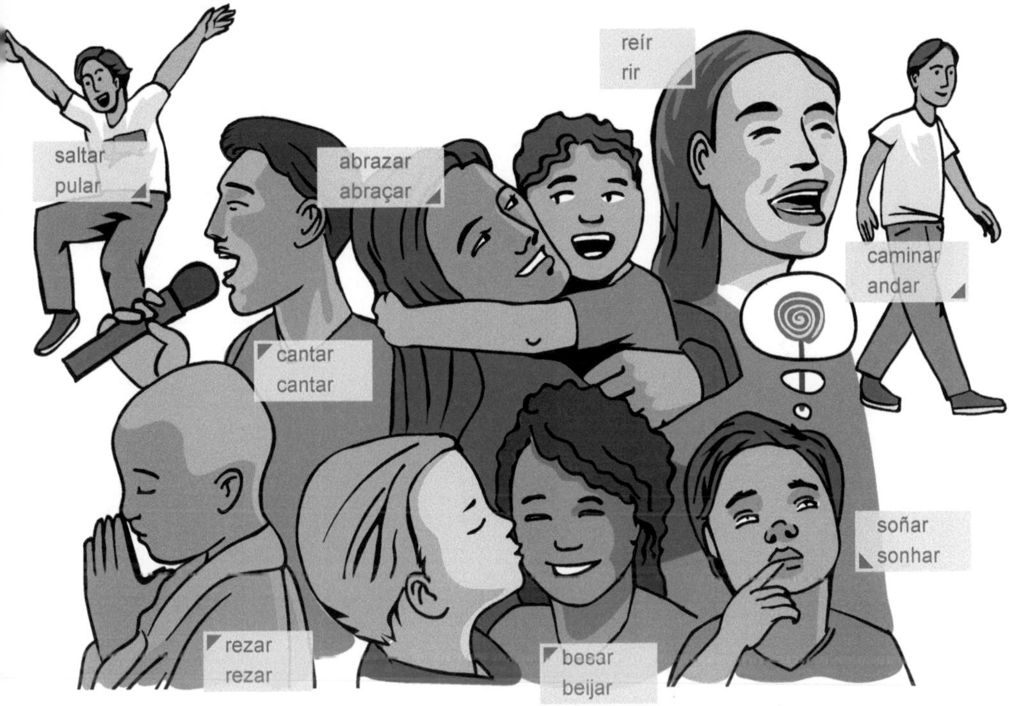

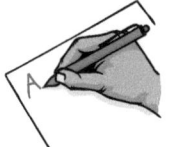

escribir

escrever

dibujar

desenhar

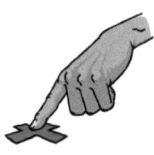

mostrar

mostrar

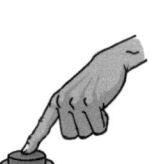

empujar

empurrar

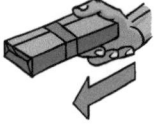

dar

dar

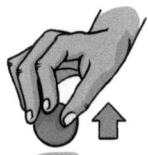

tomar

tomar

tener
ter

hacer
fazer

ser
ser

estar de pie
ficar de pé

correr
correr

tirar
puxar

tirar
jogar

caer
cair

yacer
deitar

esperar
esperar

llevar
carregar

estar sentado
sentar

vestirse
vestir

dormir
dormir

despertar
despertar

mirar
olhar para

llorar
chorar

acariciar
acariciar

peinar
pentear

hablar
falar

entender
entender

preguntar
perguntar

escuchar
ouvir

beber
beber

comer
comer

ordenar
arrumar

amar
amar

cocinar
cozinhar

conducir
dirigir

volar
voar

navegar

velejar

calcular

calcular

leer

ler

aprender

aprender

trabajar

trabalhar

casarse

casar

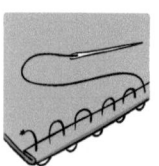

coser

costurar

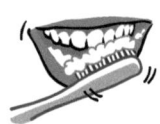

cepillarse los dientes

escovar os dentes

matar

matar

fumar

fumar

enviar

enviar

abuela
avó

abuelo
avô

padre
pai

madre
mãe

bebé
bebê

hija
filha

hijo
filho

invitado
convidado

tía
tia

tío
tio

hermano
irmão

hermana
irmã

cuerpo
corpo

frente
testa
ojo
olho
hombro
ombro
dedo
dedo
cara
rosto
barbilla
queixo
mano
mão
pierna
perna
pecho
peito
brazo
braço

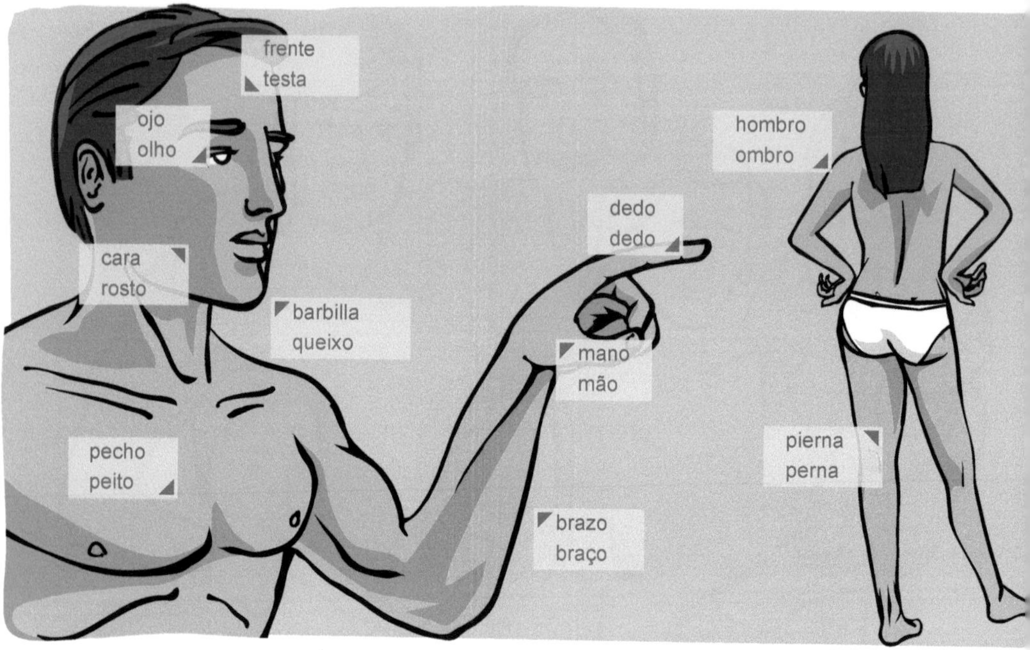

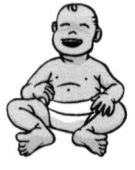

bebé

bebê

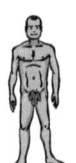

hombre

homem

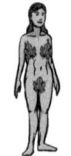

mujer

mulher

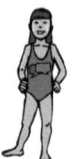

chica

menina

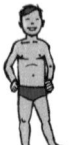

chico

menino

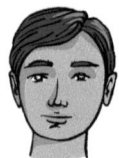

cabeza

cabeça

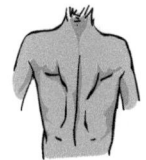

espalda

costas

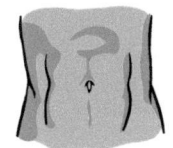

vientre

barriga

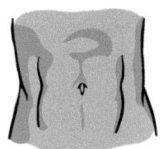

ombligo

umbigo

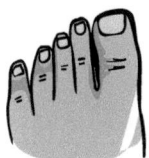

dedo del pie

dedo do pé

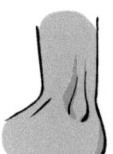

talón

calcanhar

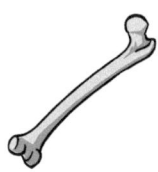

hueso

osso

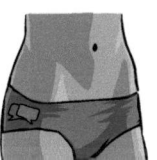

cadera

anca

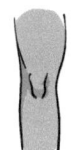

rodilla

joelho

codo

cotovelo

nariz

nariz

trasero

nádegas

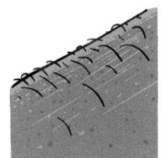

piel

pele

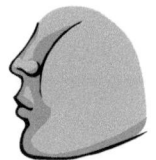

mejilla

bochecha

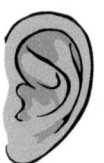

oído

orelha

labio

lábio

cuerpo - corpo

boca
boca

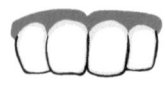

diente
dente

lengua
língua

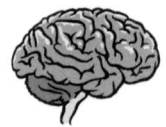

cerebro
cérebro

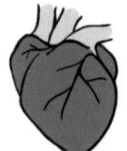

corazón
coração

músculo
músculo

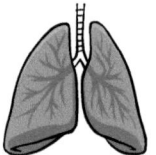

pulmón
pulmão

hígado
fígado

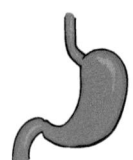

estómago
estômago

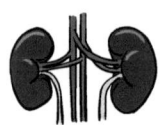

riñones
rins

sexo
relações sexuais

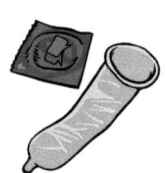

condón
preservativo

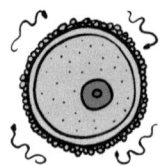

ovario
óvulo

semen
esperma

embarazo
gravidez

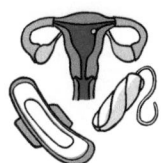

menstruación
menstruação

vagina
vagina

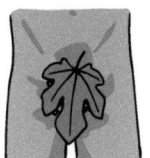

pene
pênis

ceja
sobrancelha

pelo
cabelo

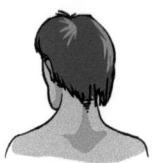

cuello
pescoço

hospital
hospital

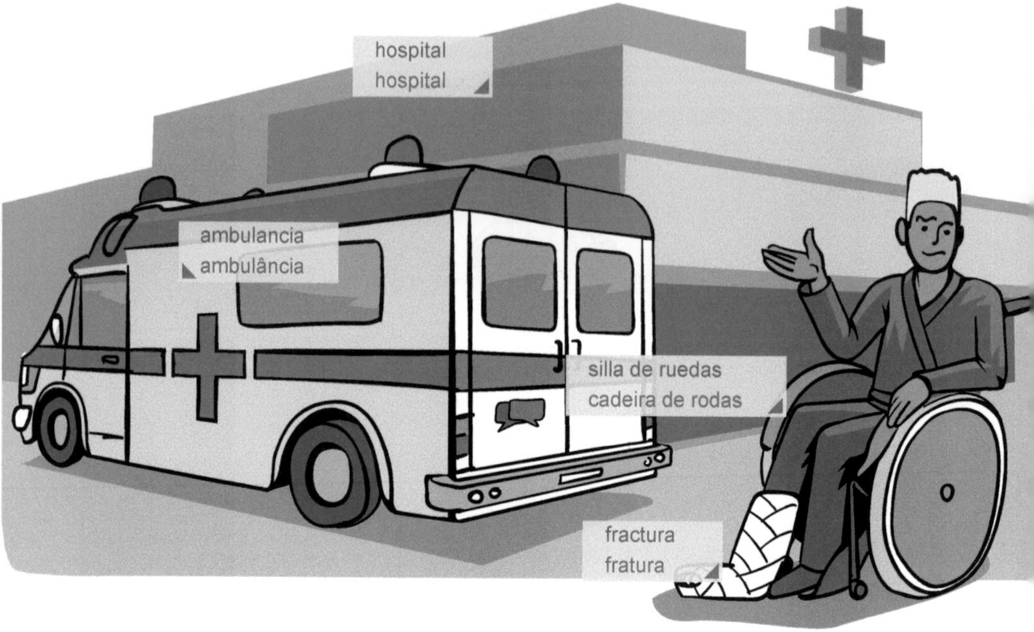

hospital
hospital
ambulancia
ambulância
silla de ruedas
cadeira de rodas
fractura
fratura

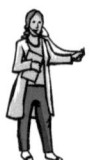

médico

médico

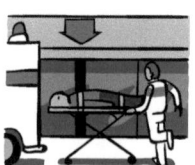

sala de urgencias

pronto-socorro

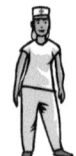

enfermera

enfermeira

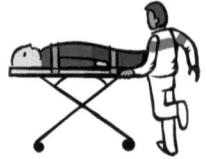

urgencia

emergência

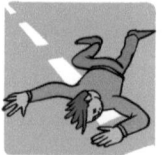

inconsciente

inconsciente

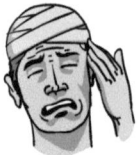

dolor

dor

lesión
ferimento

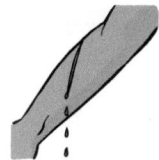

hemorragia
hemorragia

infarto
ataque cardíaco

ictus
acidente vacular cerebral

alergia
alergia

tos
tosse

fiebre
febre

gripe
gripe

diarrea
diarreia

dolor de cabeza
dor de cabeça

cáncer
câncer

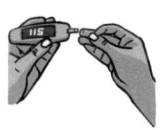

diabetes
diabetes

cirujano
cirurgião

bisturí
bisturi

operación
operação

TAC

CT

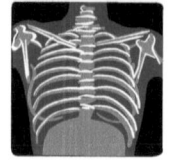

rayos x

raio x

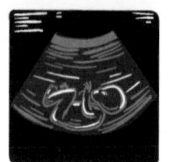

ultrasonido

ultrassom

mascarilla

máscara

enfermedad

doença

sala de espera

sala de espera

muleta

muleta

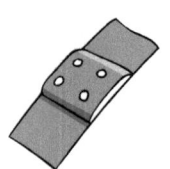

tirita

bandeide

venda

ligadura

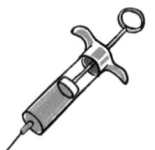

inyección

injeção

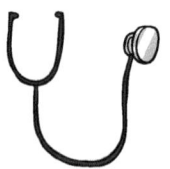

estetoscopio

estetoscópio

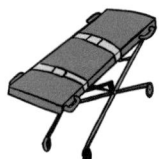

camilla

maca

termómetro

termômetro

nacimiento

nascimento

sobrepeso

excesso de peso

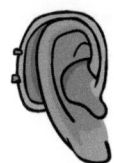

audífono

aparelho auditivo

desinfectante

desinfetante

infección

infecção

virus

vírus

VIH / SIDA

HIV / AIDS

medicina

medicamento

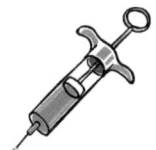

vacunación

vacinação

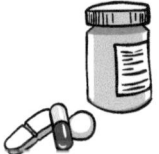

tabletas

comprimidos

pastilla

pílula

llamada de urgencia

chamada de emergência

tensiómetro

dispositivo de medição de
pressão arterial

enfermo / sano

doente / saudável

¡Socorro!

Socorro!

alarma

alarme

asalto

assalto

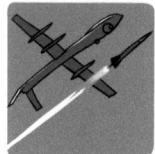

ataque

ataque

peligro

perigo

salida de emergencia

saída de emergência

¡Fuego!

Fogo!

extintor de incendios

extintor de incêndios

accidente

acidente

botiquín de primeros auxilios

maleta de primeiros socorros

SOS

SOS

policía

polícia

Europa

Europa

Norteamérica

América do Norte

Sudamérica

América do Sul

África

África

Asia

Ásia

Australia

Austrália

Atlántico

Atlântico

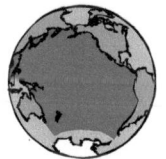

Pacífico

Pacífico

Océano Índico

Oceano Índico

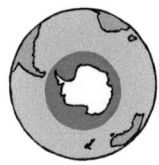

Océano Antártico

Oceano Antártico

Océano Ártico

Oceano Ártico

polo norte

Polo Norte

polo sur
Polo Sul

Antártida
Antártica

tierra
Terra

tierra
terra

mar
mar

isla
ilha

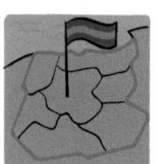

nación
nação

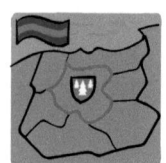

estado
estado

esfera

mostrador do relógio

manecilla de las horas

ponteiro das horas

minutero

ponteiro dos minutos

segundero

ponteiro dos segundos

¿Qué hora es?

Que horas são?

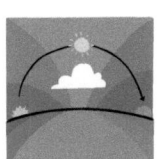

día

dia

tiempo

tempo

ahora

agora

reloj digital

relógio digital

minuto

minuto

hora

hora

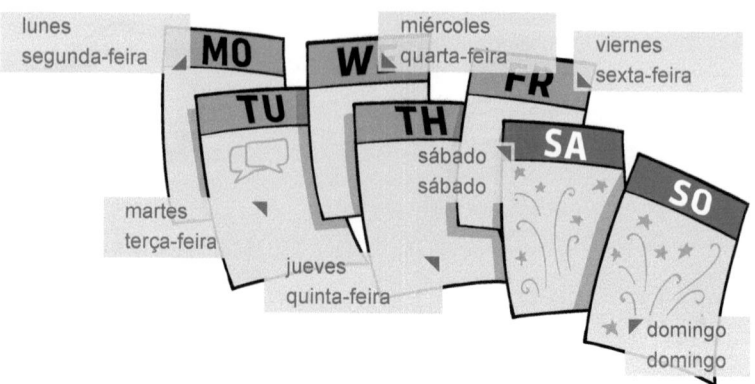

lunes
segunda-feira

miércoles
quarta-feira

viernes
sexta-feira

sábado
sábado

martes
terça-feira

jueves
quinta-feira

domingo
domingo

ayer
ontem

hoy
hoje

mañana
amanhã

mañana
manhã

mediodía
meio-dia

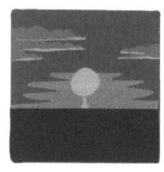

tarde
entardecer

MO	TU	WE	TH	FR	SA	SU
1	2	3	4	5	6	7
8	9	10	11	12	13	14
15	16	17	18	19	20	21
22	23	24	25	26	27	28
29	30	31	1	2	3	4

días laborables
dias úteis

MO	TU	WE	TH	FR	SA	SU
1	2	3	4	5	6	7
8	9	10	11	12	13	14
15	16	17	18	19	20	21
22	23	24	25	26	27	28
29	30	31	1	2	3	4

fin de semana
fim de semana

año

ano

lluvia
chuva
arcoíris
arco-íris
viento
vento
nieve
neve
primavera
primavera
otoño
outono
verano
verão
invierno
inverno

4.APRIL 11°
5.APRIL 4°
6.APRIL 13°
7.APRIL 8°
8.APRIL 10°

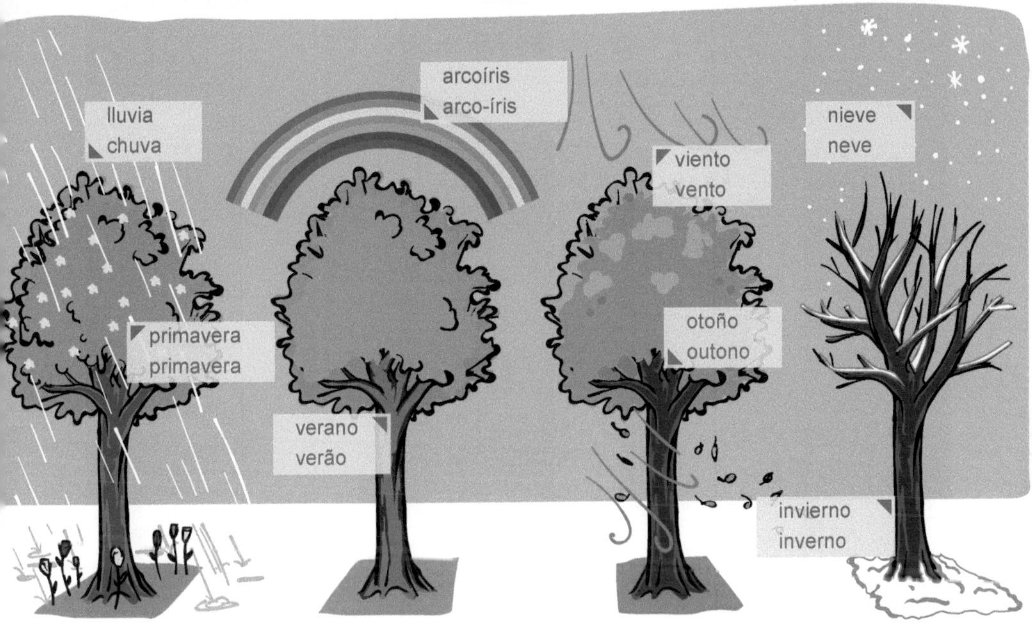

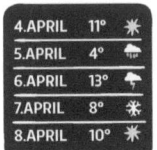

pronóstico del tiempo

previsão do tempo

F
C
120
90
60
30
0
-30
40
30
20
10
0
-10
-20

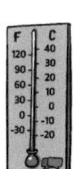

termómetro

termômetro

sol

raio de sol

nube

nuvem

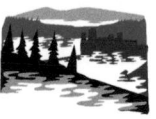

niebla

neblina / nevoeiro

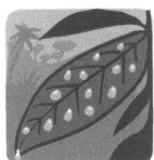

humedad

umidade do ar

rayo
relâmpago

trueno
trovão

tormenta
tempestade

granizo
granizo

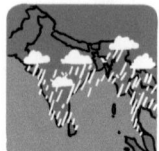

monzón
monção

inundación
inundação

hielo
gelo

enero
janeiro

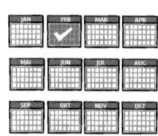

febrero
fevereiro

marzo
março

abril
abril

mayo
maio

junio
junho

julio
julho

agosto
agosto

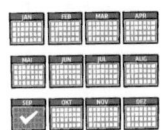

septiembre
....
setembro

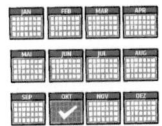

octubre
....
outubro

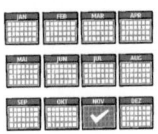

noviembre
....
novembro

diciembre
....
dezembro

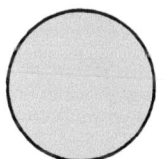

círculo
....
círculo

cuadrado
....
quadrado

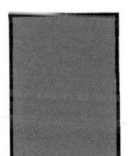

rectángulo
....
retângulo

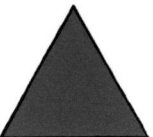

triángulo
....
triângulo

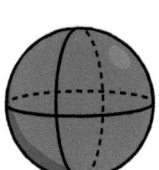

esfera
....
esfera

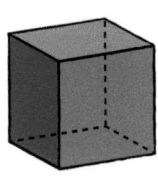

cubo
....
cubo

blanco

branco

amarillo

amarelo

anaranjado

laranja

rosa

rosa

rojo

vermelho

morado

lilás

azul

azul

verde

verde

marrón

marrom

gris

cinza

negro

preto

mucho / poco

muito / pouco

enojado / tranquilo

furioso / tranquilo

bonito / feo

lindo / feio

principio / fin

começo / fim

grande / pequeño

grande / pequeno

claro / oscuro

claro / escuro

hermano / hermana

irmão / irmã

limpio / sucio

limpo / sujo

completo / incompleto

completo / incompleto

día / noche

dia / noite

muerto / vivo

morto / vivo

ancho / estrecho

largo / estreito

comestible / no comestible

comestível / não comestível

malo / amable

mau / gentil

entusiasmado / aburrido

entusiasmado / entediado

gordo / delgado

gordo / magro

primero / último

primeiro / último

amigo / enemigo

amigo / inimigo

lleno / vacío

cheio / vazio

duro / blando

duro / macio

pesado / ligero

pesado / leve

hambre / sed

fome / sede

enfermo / sano

doente / saudável

ilegal / legal

ilegal / legal

inteligente / tonto

inteligente / idiota

izquierda / derecha

esquerda / direita

cerca / lejos

perto / longe

nuevo / usado

novo / usado

nada / algo

nada / alguma coisa

viejo / joven

velho / jovem

encendido / apagado

ligado / desligado

abierto / cerrado

aberto / fechado

silencioso / ruidoso

baixo / alto

rico / pobre

rico / pobre

correcto / incorrecto

certo / errado

áspero / suave

áspero / liso

triste / contento

triste / feliz

corto / largo

curto / longo

lento / rápido

lento / rápido

húmedo / seco

molhado / seco

cálido / frío

ameno / fresco

guerra / paz

guerra / paz

números

0

cero
zero

1

uno
um

2

dos
dois

3

tres
três

4

cuatro
quatro

5

cinco
cinco

6

seis
seis

7

siete
sete

8

ocho
oito

9

nueve
nove

10

diez
dez

11

once
onze

12
doce
doze

13
trece
treze

14
catorce
quatorze

15
quince
quinze

16
dieciséis
dezesseis

17
diecisiete
dezessete

18
dieciocho
dezoito

19
diecinueve
dezenove

20
veinte
vinte

100
cien
cem

1.000
mil
mil

1.000.000
millón
milhão

idiomas

inglés

inglês

inglés americano

inglês americano

chino mandarín

chinês mandarim

hindi

hindi

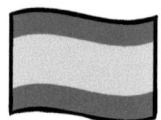

español

espanhol

francés

francês

árabe

árabe

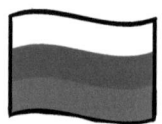

ruso

russo

portugués

português

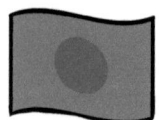

bengalí

bengalês

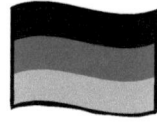

alemán

alemão

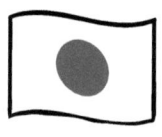

japonés

japonês

yo

eu

tú

você

él / ella / ello

ele / ela

nosotros/as

nós

vosotros/as

vocês

ellos/as

eles / elas

¿quién?

quem?

¿qué?

O quê?

¿cómo?

como?

¿dónde?

onde?

¿cuándo?

Quando?

HELLO, I AM

nombre

nome

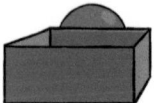

detrás

atrás

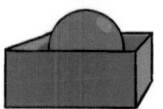

en

em

delante de

na frente de

por encima de

sobre

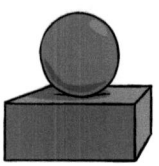

sobre

em cima

debajo de

debaixo

junto a

do lado

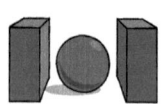

entre

entre

lugar

lugar